DÉPARTEMENT DU MORBIHAN.

CHEMINS VICINAUX

LOI DU 12 MARS 1880

DÉCRET RÉGLEMENTAIRE ET INSTRUCTIONS MINISTÉRIELLES

LEUR APPLICATION

DANS LE DÉPARTEMENT DU MORBIHAN.

VANNES

IMPRIMERIE GALLES, RUE DE L'HOTEL-DE-VILLE.

1893

DÉPARTEMENT DU MORBIHAN.

CHEMINS VICINAUX

LOI DU 12 MARS 1880

DÉCRET RÉGLEMENTAIRE ET INSTRUCTIONS MINISTÉRIELLES

LEUR APPLICATION

DANS LE DÉPARTEMENT DU MORBIHAN.

VANNES

IMPRIMERIE GALLES, RUE DE L'HOTEL-DE-VILLE.

—

1893

CHEMINS VICINAUX

Loi du 12 mars 1880. — Décret réglementaire d'administration publique du 3 juin 1880. — Instructions ministérielles du 1er août 1888 et du 25 mars 1893. — Aperçu
de leurs principales dispositions. — Leur application
dans le département du Morbihan.

OBSERVATIONS GÉNÉRALES.

Depuis la loi du 12 mars 1880, il n'y a plus, comme sous
l'empire de la loi de 1868, de réseau subventionné, c'est-à-
dire, un réseau *constitué à l'avance, avec une longueur
déterminée, et appelé à bénéficier exclusivement des subventions de l'État.*

Dès qu'un chemin, à quelque catégorie qu'il appartienne,
se trouve dans les conditions prescrites par la nouvelle Loi
et est admis au programme, il profite de la subvention qui
est prélevée sur le crédit que l'État met, chaque année,
à la disposition des Départements (1).

Les travaux neufs de construction ont seuls droit à la
subvention ; les dépenses d'entretien restent toujours et
entièrement à la charge des Départements et des Communes.

CONDITIONS A REMPLIR PAR LES DÉPARTEMENTS ET LES
COMMUNES.

Les conditions principales imposées aux Départements et
aux Communes qui réclament une subvention, sont les
suivantes :

1o Ils doivent justifier, tout d'abord, qu'ils consacrent aux
dépenses de la vicinalité l'intégralité des ressources spéciales
ordinaires que les lois en vigueur leur permettent d'inscrire
en recettes à leurs budgets ;

---

(1) Bien que le chiffre de ce crédit soit subordonné aux exigences budgétaires de
l'État, il varie peu d'un exercice à l'autre. Depuis plusieurs années, le département
du Morbihan a été compris dans ce crédit pour 60,000 fr. environ, mais, sur les
instances du Conseil général et de l'Administration, cette allocation a été portée à
78,000 fr. pour 1894.

2º Ils doivent affecter à la construction des chemins pour lesquels ils sollicitent une subvention, la portion de ces ressources spéciales qui n'est pas nécessaire pour assurer l'entretien des chemins existants et de ceux à l'état de viabilité. Les Communes sont même obligées d'appliquer à cette dépense l'excédent disponible sur l'ensemble de leurs recettes ordinaires, après qu'elles ont pourvu à toutes leurs dépenses obligatoires ;

3º Le Département et la Commune sont tenus de couvrir, au moyen de *ressources extraordinaires,* et dans la proportion fixée par les tableaux annexés au Décret du 3 juin 1880, le déficit subsistant, après application aux dépenses prévues des ressources ordinaires et spéciales qui ne donnent pas droit à la subvention ;

4º Dans tous les cas, aucune Commune, alors même qu'elle a satisfait à toutes ses obligations, ne peut avoir de subvention de l'État, que si le Conseil général a accueilli sa demande, et a pris en même temps l'engagement d'acquitter la part de dépense incombant au Département d'après le Décret du 3 juin 1880.

SACRIFICES QUE DOIVENT S'IMPOSER LES DÉPARTEMENTS ET LES COMMUNES.

§ 1er. — RESSOURCES QUI CONSTITUENT CES SACRIFICES.

Les ressources ordinaires et spéciales affectées par les Départements et les Communes à la dépense et qui la réduisent d'autant, ne sont jamais prises en considération pour le concours de l'État ; les sacrifices constitués à l'aide de ressources *extraordinaires* donnent seuls droit à la subvention.

Ces ressources extraordinaires sont :

1º Pour les Communes :

Le produit des centimes extraordinaires et le reliquat des centimes votés pour insuffisance de revenus.

Les fonds libres provenant de ressources extraordinaires. Si ces fonds libres remontent à *des exercices antérieurs,* ils ne sont considérés comme sacrifices utiles qu'autant qu'il est établi qu'ils ont pour origine des ressources extraordinaires.

Le prix de biens mobiliers ou immobiliers, à l'exception toutefois du prix de vente des délaissés d'un chemin qu'on remplace, ce prix devant être affecté, avant tout, aux travaux.

Les libéralités de toute espèce, telles que dons, legs, souscriptions, *cessions gratuites de terrains.*

Le produit des coupes extraordinaires.

Le produit du remboursement de capitaux exigibles ou de rentes rachetées.

Les fonds d'emprunt dont l'amortissement est gagé par des ressources extraordinaires.

2º Pour les Départements :

Les offres de concours des Communes, provenant de ressources extraordinaires.

Les souscriptions particulières.

Les centimes extraordinaires.

Les emprunts remboursables au moyen de ressources extraordinaires.

Enfin tous les produits éventuels du budget extraordinaire.

§ 2. — IMPORTANCE DES SACRIFICES.

1º Chemins de grande communication et d'intérêt commun.

Les Départements qui veulent obtenir une subvention de l'État pour la construction de leurs chemins de grande communication et d'intérêt commun, doivent s'imposer des sacrifices en proportion de la valeur de leur centime par kilomètre carré.

Leurs sacrifices, ou autrement dit, la part qu'ils doivent prendre dans la dépense, sont d'autant plus forts que la valeur de ce centime est élevée ; et, en sens inverse, la subvention de l'État à laquelle ils ont droit est d'autant plus importante que le produit de ce centime par kilomètre carré est peu élevé.

Le Décret du 3 juin 1880 et le tableau C qui y est annexé détermine, ainsi, la part contributive des Départements dans la dépense, et la subvention correspondante de l'État :

VALEUR DU CENTIME PAR KILOMÈTRE CARRÉ.	DÉPENSES à couvrir par LE DÉPARTEMENT.	SUBVENTION DE L'ÉTAT.
Départements dans lesquels le centime par kil. carré est au-dessous de 2 fr.	50 p. %	50 p. %
Départs dans lesquels le centime varie de 2,01 à 2,50	55 p. %	45 p. %
do 2,51 à 3 fr.	60 p. %	40 p. %
do 3,01 à 3,50	65 p. %	35 p. %
do 3,51 à 4 fr.	70 p. %	30 p. %
do 4,01 à 5 fr.	75 p. %	25 p. %
do 5,01 à 6 fr.	80 p. %	20 p. %
do 6,01 à 9 fr.	85 p. %	15 p. %
do 9,01 et au-dessus.	90 p. %	10 p. %

2° *Chemins vicinaux ordinaires.*

Pour cette catégorie de chemins, les Communes sont obligées elles-mêmes de s'imposer des sacrifices, c'est-à-dire de participer à la dépense de construction.

Leur part contributive est fixée d'après la valeur de leur centime et conformément au tableau A annexé également au Décret du 3 juin 1880.

VALEUR DU CENTIME COMMUNAL.	PART CONTRIBUTIVE DE LA COMMUNE DANS LA DÉPENSE.
Au-dessous de 20 fr.	20 p. %
de 20,01 à 40 fr.	25 p. %
de 40,01 à 60 fr.	30 p. %
de 60,01 à 80 fr.	35 p. %
de 80,01 à 100 fr.	40 p. %
de 100,01 à 200 fr.	50 p. %
de 200,01 à 300 fr.	60 p. %
de 300,01 à 600 fr.	70 p. %
de 600,01 à 900 fr.	80 p. %
de 900,01 et au-dessus	90 p. %

La différence entre la part contributive des Communes et le chiffre total de la dépense des chemins vicinaux ordinaires, est payée tout à la fois par le Département et l'État, à titre de subvention.

Cette subvention se répartit entre le Département et l'État d'après la valeur du centime départemental par kilomètre carré, et selon les proportions indiquées par le tableau B annexé, également, au Décret du 3 juin 1880.

D'après ce tableau, cette répartition a lieu comme suit :

VALEUR DU CENTIME DÉPARTEMENTAL PAR KILOMÈTRE CARRÉ.	PART DE SUBVENTION A LA CHARGE	
	du Département.	de l'État.
Au-dessous de 2 fr.	20 p. %	80 p. %
de 2,01 à 2,50	25 p. %	75 p. %
de 2,51 à 3 fr.	30 p. %	70 p. %
de 3,01 à 3,50	35 p. %	65 p. %
de 3,51 à 4 fr.	40 p. %	60 p. %
de 4,01 à 5 fr.	50 p. %	50 p. %
de 5,01 à 6 fr.	60 p. %	40 p. %
de 6,01 à 9 fr.	70 p. %	30 p. %
dé 9,01 à 15 fr.	80 p. %	20 p. %
de 15,01 et au-dessus	90 p. %	10 p. %

Les Départements ont la faculté de prendre à leur charge tout ou partie de la portion contributive de la Commune dans la dépense, mais, dans ce cas, la subvention de l'État n'est pas augmentée.

Si un chemin est construit par une Commune et à ses frais sur le territoire d'une autre Commune, le centime qui sert de base au calcul de la subvention du Département et de l'État est celui de la Commune à laquelle le chemin appartient.

ÉTABLISSEMENT DU PROGRAMME.

Chaque année, à sa session d'août, le Conseil général, sur la proposition du Préfet, arrête, pour l'exercice suivant, l'état des travaux à exécuter avec le concours de l'État sur les chemins vicinaux de toute catégorie. Cet état, ainsi arrêté et approuvé par le Ministre de l'Intérieur, constitue le programme ferme des travaux à subventionner.

Pour faciliter l'établissement de ce programme, le Préfet doit, dès la session d'avril, présenter au Conseil général un état préparatoire comprenant :

1º Les travaux qui lui paraissent devoir être subventionnés, pendant l'année suivante, sur les chemins de grande communication et d'intérêt commun ;

2º Les demandes formées par les Conseils municipaux, dans leur session de février, pour les chemins vicinaux ordinaires.

Le programme doit être renfermé dans les limites du crédit accordé par l'État au Département, et les travaux qui y sont inscrits doivent être compris pour la totalité de leurs dépenses.

Les disponibilités, tant sur la subvention de l'État que du Département par suite des rabais, sont obligatoirement reportés sur les travaux laissés à découvert, et, à défaut de ces travaux, les Départements peuvent, en vue d'utiliser les rabais et autres disponibilités, constituer en session d'août un *programme éventuel* avec une dépense correspondant sensiblement au montant présumé des rabais.

L'application de ces rabais à chacune des entreprises du programme éventuel est faite, successivement, d'après l'ordre arrêté par le Conseil général.

Si un projet est écarté du programme par l'Administration supérieure, la subvention devenue disponible reste à la disposition du Conseil général jusqu'à la session d'avril, et il peut même donner délégation à la Commission départementale pour faire immédiatement emploi de cette disponibilité aux travaux du programme éventuel, ou lui donner une autre destination. S'il n'y a pas de programme éventuel, le Préfet, en présentant son programme, appelle le Conseil général à délibérer sur cette délégation.

SUBVENTIONS EXTRAORDINAIRES.

Des subventions extraordinaires peuvent, en vertu de l'art. 9 de là loi du 12 mars 1880, être accordées aux Départements et aux Communes pour l'exécution des ouvrages d'art d'une importance exceptionnelle, et lorsque les ressources locales, augmentées de la subvention normale de l'État, sont insuffisantes pour la dépense.

Il peut, également, être accordé des subventions extraordinaires dans le cas de besoins ou de circonstances exceptionnels, et sous la condition que les Départements et les Communes se soient imposé des sacrifices en rapport avec le maximum d'efforts dont ils sont capables.

Telles sont, en résumé, les principales dispositions de la loi du 12 mars 1880 et du Décret réglementaire, et celles des instructions ministérielles qui sont intervenues pour leur exécution.

Elles sont de nature à faciliter l'extension de la vicinalité, et elles constituent pour notre Département, notamment, et pour les Communes qui le composent, des avantages dont ils ont tout intérêt à se hâter de profiter.

Notre Département est, en effet, aujourd'hui, parmi ceux qui appartiennent comme lui à la *cinquième série*, celui dont le produit du centime, par kilomètre carré, est le plus élevé, et il n'est pas douteux que, si son centime suit la même progression que depuis plusieurs années, il passera prochainement dans la sixième catégorie, et n'aura plus droit à la même subvention (1).

Actuellement, et tant que le produit du centime départemental par kilomètre carré sera inférieur à 4 fr., la part contributive de notre Département dans la dépense de construction des chemins vicinaux est ainsi fixée :

1º Pour les chemins de grande communication et d'intérêt commun :

Le Département paie 70 p. º/₀ de la dépense, et l'État 30 p. º/₀.

2º Pour les chemins vicinaux ordinaires :

La dépense de construction de ces chemins est à la charge, tout à la fois, des Communes, du Département et de l'État, et la part contributive de chacun d'eux est déterminée suivant la valeur du centime. de la Commune qui veut construire le chemin.

Voici, au surplus, pour chaque Commune du Département, la part contributive de la Commune et celles correspondantes du Département et de l'État :

---

(1) Superficie du département du Morbihan : 6,805 kilomètres carrés.
Valeur du centime départemental en 1888. . . . .   26,016ᶠ 82
Produit du centime par kilomètre carré à la même époque 3 83
Valeur du centime départemental en 1892 . . . .   26,817 56
Produit du centime par kilomètre carré à la même époque 3 94
Ce produit a donc augmenté de 0,11 centimes dans l'espace de 4 années.

Pour que ce produit soit de 4 fr., c'est-à-dire atteigne le chiffre de la sixième série, il suffit que le centime départemental soit de 27,220 fr., autrement dit subisse une augmentation de 402 fr.

DÉPARTEMENT DU MORBIHAN.

TABLEAU *indiquant la part à supporter par les Communes, le Département et l'État dans la dépense de construction des chemins vicinaux ordinaires admis au programme.*

COMMUNES.	VALEUR du CENTIME. (1)	PART CONTRIBUTIVE DANS LA DÉPENSE		
		de la Commune.	du Département.	de l'État.
ARRONDISSEMENT DE VANNES.				
CANTON D'ALLAIRE.				
Allaire	110.69	50 %	20 %	30 %
Béganne	82.34	40 »	24 »	36 »
Peillac	98.75	40 »	24 »	36 »
Rieux	91.13	40 »	24 »	36 »
Saint-Gorgon	14.94	20 »	32 »	48 »
Saint-Jacut	58.94	30 »	28 »	42 »
Saint-Jean-la-Poterie	42.61	30 »	28 »	42 »
Saint-Perreux	18.30	20 »	32 »	48 »
Saint-Vincent	45.31	30 »	28 »	42 »
CANTON D'ELVEN.				
Elven	165.02	50 %	20 %	30 %
Monterblanc	47.51	30 »	28 »	42 »
Saint-Nolff	69.87	35 »	26 »	39 »
Sulniac	62.23	35 »	26 »	39 »
Trédion	46.80	30 »	28 »	42 »
Treffléan	42.48	30 »	28 »	42 »
La Vraie-Croix	35.53	25 »	30 »	45 »
CANTON DE LA GACILLY.				
Carentoir	167.70	50 %	20 %	30 %
La Chapelle-Gaceline	28.56	25 »	30 »	45 »
Cournon	21.51	25 »	30 »	45 »
Les Fougerêts	42.04	30 »	28 »	42 »
La Gacilly	79.17	35 »	26 »	39 »
Glénac	32.78	25 »	30 »	45 »
Quelneuc	34.23	25 »	30 »	45 »
Saint-Martin	65.22	35 »	26 »	39 »
Tréal	41.67	30 »	28 »	42 »

(1) En 1891.

COMMUNES.	VALEUR du CENTIME.	PART CONTRIBUTIVE DANS LA DÉPENSE		
		de la Commune.	du Département.	de l'État.
CANTON DE GRAND-CHAMP.				
Brandivy	44.46	30 %	28 %	42 %
Colpo	47.01	30 »	28 »	42 »
Grand-Champ	154.56	50 »	20 »	30 »
Locmaria-Grand-Champ	25.57	25 »	30 »	45 »
Locqueltas	38.05	25 »	30 »	45 »
Meucon	14.37	20 »	32 »	48 »
Plaudren	79. »	35 »	26 »	39 »
Plescop	60.11	35 »	26 »	39 »
CANTON DE MUZILLAC.				
Ambon	92.90	40 %	24 %	36 %
Arzal	69.19	35 »	26 »	39 »
Billiers	35.94	25 »	30 »	45 »
Damgan	57.64	30 »	28 »	42 »
Le Guerno	22.89	25 »	30 »	45 »
Muzillac	153.71	50 »	20 »	30 »
Noyal-Muzillac	120.12	50 »	20 »	30 »
CANTON DE QUESTEMBERT.				
Berric	57.23	30 %	28 %	42 %
Bohal	18.38	20 »	32 »	48 »
Larré	33.18	25 »	30 »	45 »
Lauzach	16.93	20 »	32 »	48 »
Molac	68 »	35 »	26 »	39 »
Péaule	119.22	50 »	20 »	30 »
Pleucadeuc	68.41	35 »	26 »	39 »
Questembert	230.91	60 »	16 »	24 »
CANTON DE LA ROCHE-BERNARD.				
Camoël	36.98	25 %	30 %	45 %
Férel	95.20	40 »	24 »	36 »
Marzan	91.47	40 »	24 »	36 »
Nivillac	173.41	50 »	20 »	30 »
Pénestin	85.22	40 »	24 »	36 »
La Roche-Bernard	108.26	50 »	20 »	30 »
Saint-Dolay	121.33	50 »	20 »	30 »
Théhillac	24.03	25 »	30 »	45 »

COMMUNES.	VALEUR du CENTIME.	PART CONTRIBUTIVE DANS LA DÉPENSE		
		de la Commune.	du Département.	de l'État.
CANTON DE ROCHEFORT.				
Caden	102.73	50 %	20 %	30 %
Limerzel	68.80	35 »	26 »	39 »
Malansac	112.97	50 »	20 »	30 »
Pluherlin	72.58	35 »	26 »	39 »
Rochefort	38.66	25 »	30 »	45 »
Saint-Congard	33.24	25 »	30 »	45 »
Saint-Gravé	37.18	25 »	30 »	45 »
Saint-Laurent	9.19	20 »	32 »	48 »
CANTON DE SARZEAU.				
Arzon	74 »	35 %	26 %	39 %
Saint-Armel	35.97	25 »	30 »	45 »
Saint-Gildas	65.25	35 »	26 »	39 »
Sarzeau	300.44	70 »	12 »	18 »
Tour-du-Parc	37.91	25 »	30 »	45 »
CANTON DE VANNES (Est).				
Le Hézo	17.51	20 %	32 %	48 %
Noyalo	19.65	20 »	32 »	48 »
Saint-Avé	91.98	40 »	24 »	36 »
Séné	98.08	40 »	24 »	36 »
Surzur	129.95	50 »	20 »	30 »
Theix	142.21	50 »	20 »	30 »
La Trinité-Surzur	9.71	20 »	32 »	48 »
Vannes	1583.03	90 »	4 »	6 »
CANTON DE VANNES (Ouest).				
Arradon	99.10	40 %	24 %	36 %
Baden	129.13	50 »	20 »	30 »
Ile-d'Arz	33.88	25 »	30 »	45 »
Ile-aux-Moines	36.51	25 »	30 »	45 »
Plœren	55.11	30 »	28 »	42 »

COMMUNES.	VALEUR du CENTIME.	PART CONTRIBUTIVE DANS LA DÉPENSE		
		de la Commune.	du Département.	de l'État.

ARRONDISSEMENT DE PLOERMEL.

CANTON DE GUER.

COMMUNES.	VALEUR	Commune	Département	État
Augan	96.35	40 %	24 %	36 %
Beignon	74.09	35 »	26 »	39 »
Guer	192.77	60 »	16 »	24 »
Monteneuf	52.97	30 »	28 »	42 »
Porcaro	34.12	25 »	30 »	45 »
Saint-Malo-de-Beignon	10.44	20 »	32 »	48 »

CANTON DE JOSSELIN.

COMMUNES	VALEUR	Commune	Département	État
La Croix-Helléan	32.31	25 %	30 %	45 %
Cruguel	38.57	25 »	30 »	45 »
Les Forges	69.29	35 »	26 »	39 »
La Grée-Saint-Laurent	14 »	20 »	32 »	48 »
Guégon	136.22	50 »	20 »	30 »
Guillac	66.23	35 »	26 »	39 »
Helléan	19.49	20 »	32 »	48 »
Josselin	180.30	50 »	20 »	30 »
Lanouée	107.86	50 »	20 »	30 »
Quily	14.74	20 »	32 »	48 »
Saint-Servant	49.24	30 »	28 »	42 »

CANTON DE MALESTROIT.

COMMUNES	VALEUR	Commune	Département	État
Caro	73.49	35 %	26 %	39 %
La Chapelle	41.23	30 »	28 »	42 »
Lizio	40.26	30 »	28 »	42 »
Malestroit	105.28	50 »	20 »	30 »
Missiriac	35.83	25 »	30 »	45 »
Monterrein	15.01	20 »	32 »	48 »
Réminiac	23.63	25 »	30 »	45 »
Roc-Saint-André	34.08	25 »	30 »	45 »
Ruffiac	72.66	35 »	26 »	39 »
Saint-Abraham	15.76	20 »	32 »	48 »
Saint-Guyomard	30.45	25 »	30 »	45 »
Saint-Marcel	27.87	25 »	30 »	45 »
Saint-Nicolas-du-Tertre	25.03	25 »	30 »	45 »
Sérent	143.36	50 »	20 »	30 »

COMMUNES.	VALEUR du CENTIME.	PART CONTRIBUTIVE DANS LA DÉPENSE		
		de la Commune.	du Département.	de l'État.

CANTON DE MAURON.

Brignac	24.20	25 %	30 %	45 %
Concoret	51.82	30 »	28 »	42 »
Mauron	232.32	60 »	16 »	24 »
Néant	78.81	35 »	26 »	39 »
Saint-Brieuc-de-Mauron	37.26	25 »	30 »	45 »
Saint-Léry	10.62	20 »	32 »	48 »
Tréhorenteuc	10.37	20 »	32 »	48 »

CANTON DE PLOERMEL.

Campénéac	107.71	50 %	20 %	30 %
Gourhel	7.85	20 »	32 »	48 »
Loyat	84.59	40 »	24 »	36 »
Montertelot	7.25	20 »	32 »	48 »
Ploërmel	331.25	70 »	12 »	18 »
Taupont	86.57	40 »	24 »	36 »

CANTON DE ROHAN.

Bréhan-Loudéac	109.76	50 %	20 %	30 %
Crédin	63.88	35 »	26 »	39 »
Lantillac	14.95	20 »	32 »	48 »
Pleugriffet	67.55	35 »	26 »	39 »
Radenac	38.21	25 »	30 »	45 »
Réguiny	48.11	30 »	28 »	42 »
Rohan	36.96	25 »	30 »	45 »
Saint-Gouvry	9.29	20 »	32 »	48 »
Saint-Samson	49.65	30 »	28 »	42 »

CANTON DE SAINT-JEAN-BRÉVELAY.

Bignan	116.06	50 %	20 %	30 %
Billio	19.62	20 »	32 »	48 »
Buléon	22.21	25 »	30 »	45 »
Guéhenno	47.61	30 »	28 »	42 »
Plumelec	127.64	50 »	20 »	30 »
Saint-Allouestre	35.96	25 »	30 »	45 »
Saint-Jean-Brévelay	90.08	40 »	24 »	36 »

COMMUNES.	VALEUR du CENTIME.	PART CONTRIBUTIVE DANS LA DÉPENSE		
		de la Commune.	du Département.	de l'État.
CANTON DE LA TRINITÉ-PORHOET.				
Évriguet	12.85	20 %	32 %	48 %
Guilliers	88.89	40 »	24 »	36 »
Ménéac	153.86	50 »	20 »	30 »
Mohon	88.45	40 »	24 »	66 »
S.-Malo-des-3-Fontaines	31.77	25 »	30 »	45 »
La Trinité-Porhoët	58.28	30 »	28 »	42 »

ARRONDISSEMENT DE PONTIVY.

CANTON DE BAUD.

COMMUNES.	VALEUR du CENTIME.	de la Commune.	du Département.	de l'État.
Baud	217.79	60 %	16 %	24 %
Bieuzy	48.85	30 »	28 »	42 »
Guénin	65.79	35 »	26 »	39 »
Melrand	133.66	50 »	20 »	30 »
Pluméliau	186.49	50 »	20 v	30 »
Saint-Barthélemy	65.82	35 »	26 »	39 »

CANTON DE CLÉGUÉREC.

COMMUNES.	VALEUR du CENTIME.	de la Commune.	du Département.	de l'État.
Cléguérec	174.49	50 %	20 %	30 %
Kergrist	55.91	30 »	28 »	42 »
Malguénac	79.64	35 »	26 »	39 »
Neulliac	93.07	40 »	24 »	36 »
Saint-Aignan	53.79	30 »	28 »	42 »
Sainte-Brigitte	25.41	25 »	30 »	45 »
Séglien	102.67	50 »	20 »	30 »
Silfiac	43.43	30 »	28 »	42 »

CANTON DU FAOUET.

COMMUNES.	VALEUR du CENTIME.	de la Commune.	du Département.	de l'État.
Berné	75.72	35 %	26 %	39 %
Le Faouët	155.76	50 »	20 »	30 »
Guiscriff	138.41	50 »	20 »	30 »
Lanvénégen	74.27	35 »	26 »	39 »
Meslan	69.08	35 »	26 »	39 »
Priziac	93.09	40 »	24 »	36 »

COMMUNES.	VALEUR du CENTIME.	PART CONTRIBUTIVE DANS LA DÉPENSE		
		de la Commune.	du Département.	de l'État.
CANTON DE GOURIN.				
Gourin	228.46	60 %	16 %	24 %
Langonnet	172.51	50 »	20 »	30 »
Plouray	69.68	35 »	26 »	39 »
Roudouallec	51.24	30 »	28 »	42 »
Le Saint	65.59	35 »	26 »	39 »
CANTON DE GUÉMENÉ.				
Guémené	78.40	35 %	26 %	39 %
Langoëlan	67.18	35 »	26 »	39 »
Lignol	87.09	40 »	24 »	36 »
Locmalo	71.42	35 »	26 »	39 »
Persquen	44.74	30 »	28 »	42 »
Ploërdut	183.66	50 »	20 »	30 »
Saint-Caradec-Trégomel	65.61	35 »	26 »	39 »
Saint-Tugdual	81.65	40 »	24 »	36 »
CANTON DE LOCMINÉ.				
La Chapelle-Neuve	41.24	30 %	28 %	42 %
Locminé	118.53	50 »	20 »	30 »
Moréac	124 »	50 »	20 »	30 »
Moustoir-ac	70.66	35 »	26 »	39 »
Moustoir-Remungol	33.45	25 »	30 »	45 »
Naizin	82.15	40 »	24 »	36 »
Plumelin	70.75	35 »	26 »	39 »
Remungol	57.61	30 »	28 »	42 »
CANTON DE PONTIVY.				
Croixanvec	11.26	20 %	32 %	48 %
Gueltas	41.11	30 »	28 »	42 »
Guern	111.67	50 »	20 »	30 »
Kerfourn	35.89	25 »	30 »	45 »
Noyal-Pontivy	151.33	50 »	20 »	30 »
Pontivy	657.31	80 »	8 »	12 »
Saint-Gérand	42.56	30 »	28 »	42 »
Saint-Gonnery	39.25	25 »	30 »	45 »
Saint-Thuriau	54.40	30 »	28 »	42 »
Le Sourn	47.85	30 »	28 »	42 »

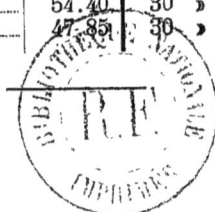

COMMUNES.	VALEUR du CENTIME.	PART CONTRIBUTIVE DANS LA DÉPENSE		
		de la Commune.	du Département.	de l'État.

ARRONDISSEMENT DE LORIENT.

CANTON D'AURAY.

Auray	424.42	70 %	12 %	18 %
Crach	108.50	50 »	20 »	30 »
Locmariaquer	68.58	35 »	26 »	39 »
Plougoumelen	75.47	35 »	26 »	39 »
Plumergat	107.32	50 »	20 »	30 »
Pluneret	159.08	50 »	20 »	30 »
Saint-Philibert	28.44	25 »	30 »	45 »

CANTON DE BELZ.

Belz	82.14	40 %	24 %	36 %
Erdeven	101.77	50 »	20 »	30 »
Étel	80.48	40 »	24 »	36 »
Locoal-Mendon	104.53	50 »	20 »	30 »
Plœmel	64.76	35 »	26 »	39 »

CANTON D'HENNEBONT.

Brandérion	23.72	25 %	30 %	45 %
Hennebont	391.68	70 »	12 »	18 »
Inzinzac	172.51	50 »	20 »	30 »
Languidic	332.86	70 »	12 »	18 »

CANTON DE LORIENT (1er).

Lorient (intra muros)	3323.52	90 %	4 %	6 %

CANTON DE LORIENT (2º).

Plœmeur	530.48	70 %	12 %	18 %

CANTON DE BELLE-ILE-EN-MER.

Bangor	56.48	30 %	28 %	42 %
Locmaria	55.57	30 »	28 »	42 »
Le Palais	264.27	60 »	16 »	24 »
Port-Philippe	65.50	35 »	26 »	39 »

COMMUNES.	VALEUR du CENTIME.	PART CONTRIBUTIVE DANS LA DÉPENSE		
		de la Commune.	du Département.	de l'État.
CANTON DE PLOUAY.				
Bubry	145.19	50 %	20 %	30 %
Calan	30.21	25 »	30 »	45 »
Inguiniel	106.31	50 »	20 »	30 »
Lanvaudan	43.19	30 »	28 »	42 »
Plouay	210.50	60 »	16 »	24 »
Quistinic	99.36	40 »	24 »	36 »
CANTON DE PLUVIGNER.				
Brech	113.01	50 %	20 %	30 %
Camors	72.94	35 »	26 »	39 »
Landaul	50.04	30 »	28 »	42 »
Landévant	83.67	40 »	24 »	36 »
Pluvigner	230.90	60 »	16 »	24 »
CANTON DE PONTSCORFF.				
Caudan	280.46	60 %	16 %	24 %
Cléguer	96.24	40 »	24 »	36 »
Gestel	30.37	25 »	30 »	45 »
Guidel	254.53	60 »	16 »	24 »
Pontscorff	96.48	40 »	24 »	36 »
Quéven	107.36	50 »	20 »	30 »
CANTON DE PORT-LOUIS.				
Gâvres	25.56	25 %	30 %	45 %
Groix	163.64	50 »	20 »	30 »
Kervignac	126.85	50 »	20 »	30 »
Merlevenez	53.17	30 »	28 »	42 »
Nostang	51.76	30 »	28 »	42 »
Plouhinec	135.19	50 »	20 »	30 »
Port-Louis	172.56	50 »	20 »	30 »
Riantec	140.71	50 »	20 »	30 »
Sainte-Hélène	26.98	25 »	30 »	45 »
CANTON DE QUIBERON.				
Carnac	143.49	50 %	20 %	30 %
Hœdic	3.42	20 »	32 »	48 »
Houat	3.97	20 »	32 »	48 »
Plouharnel	67.90	35 »	26 »	39 »
Quiberon	142.33	50 »	20 »	30 »
Saint-Pierre-Quiberon	68.38	35 »	26 »	39 »
La Trinité-sur-Mer	53.30	30 »	28 »	42 »

Il ressort de cet état que, sur les 254 communes du Département du Morbihan,

26 ont un centime inférieur à 20 fr. et contribuent à la dépense de construction de leurs chemins vicinaux pour 20 p. % seulement ;

45 ont un centime de 20 fr. à 40 fr. et contribuent à cette dépense pour 25 p. % ;

41 ont un centime de 40 fr. à 60 fr. et contribuent à cette dépense pour 30 p. % ;

42 ont un centime de 60 fr. à 80 fr. et contribuent à la dépense pour 35 p. % ;

27 ont un centime de 80 fr. à 100 fr. et contribuent à la dépense pour 40 p. % ;

55 ont un centime de 100 fr. à 200 fr. et contribuent à la dépense pour 50 p. % ;

9 ont un centime de 200 fr. à 300 fr. et contribuent à la dépense pour 60 p. % ;

6 ont un centime de 300 fr. à 600 fr. et contribuent à la dépense pour 70 p. % ;

1 a un centime de 600 fr. à 900 fr. et contribue à la dépense pour 80 p. % ;

2, enfin, ont un centime supérieur à 900 fr. et contribuent à la dépense pour 90 p. %.

Étant donné que la construction d'un chemin d'intérêt commun coûte, dans le Département, 7 fr. 35 le mètre, et celle d'un chemin vicinal ordinaire 4 fr. 56 le mètre (1), il est facile au Département et aux Communes, en consultant ces renseignements et ce tableau, de se rendre compte, très approximativement, du chiffre de la dépense et des sacrifices extraordinaires qu'ils doivent s'imposer pour la construction de ces chemins.

Vannes, le 12 juillet 1893.

Alb. CARADEC.
Conseiller général.

---

(1) Ces prix, qui comprennent la *totalité de la dépense*, résultent du prix moyen des cinq dernières années (1887-1891).

www.ingramcontent.com/pod-product-compliance
Lightning Source LLC
Chambersburg PA
CBHW050448210326
41520CB00019B/6116